私募投资基金监督管理条例

中国法制出版社

私募投资基金监督管理条例
SIMU TOUZI JIJIN JIANDU GUANLI TIAOLI

经销/新华书店
印刷/北京海纳百川印刷有限公司
开本/850毫米×1168毫米　32开　　　　　　印张/1　字数/15千
版次/2023年7月第1版　　　　　　　　　　　2023年7月第1次印刷

中国法制出版社出版
书号 ISBN 978-7-5216-3750-2　　　　　　　　　定价：5.00元

北京市西城区西便门西里甲16号西便门办公区
邮政编码：100053　　　　　　　　　传真：010-63141600
网址：http://www.zgfzs.com　　　　编辑部电话：010-63141673
市场营销部电话：010-63141612　　　印务部电话：010-63141606

（如有印装质量问题，请与本社印务部联系。）

目 录

中华人民共和国国务院令（第762号） ………………（1）

私募投资基金监督管理条例 …………………………（2）

司法部、证监会负责人就《私募投资基金
监督管理条例》答记者问 …………………………（23）

中华人民共和国国务院令

第 762 号

《私募投资基金监督管理条例》已经 2023 年 6 月 16 日国务院第 8 次常务会议通过，现予公布，自 2023 年 9 月 1 日起施行。

总理　李强

2023 年 7 月 3 日

私募投资基金监督管理条例

第一章 总 则

第一条 为了规范私募投资基金（以下简称私募基金）业务活动，保护投资者以及相关当事人的合法权益，促进私募基金行业规范健康发展，根据《中华人民共和国证券投资基金法》（以下简称《证券投资基金法》）、《中华人民共和国信托法》、《中华人民共和国公司法》、《中华人民共和国合伙企业法》等法律，制定本条例。

第二条 在中华人民共和国境内，以非公开方式募集资金，设立投资基金或者以进行投资活动为目的依法设立公司、合伙企业，由私募基金管理人或者普通合伙人管理，为投资者的利益进行投资活动，适用本条例。

第三条 国家鼓励私募基金行业规范健康发展，发挥服务实体经济、促进科技创新等功能作用。

从事私募基金业务活动，应当遵循自愿、公平、诚信原则，保护投资者合法权益，不得违反法律、行政法规和国家政策，不得违背公序良俗，不得损害国家利益、社会公共利益和他人合法权益。

私募基金管理人管理、运用私募基金财产，私募基金托管人托管私募基金财产，私募基金服务机构从事私募基金服务业务，应当遵守法律、行政法规规定，恪尽职守，履行诚实守信、谨慎勤勉的义务。

私募基金从业人员应当遵守法律、行政法规规定，恪守职业道德和行为规范，按照规定接受合规和专业能力培训。

第四条 私募基金财产独立于私募基金管理人、私募基金托管人的固有财产。私募基金财产的债务由私募基金财产本身承担，但法律另有规定的除外。

投资者按照基金合同、公司章程、合伙协议（以下统称基金合同）约定分配收益和承担风险。

第五条 私募基金业务活动的监督管理，应当贯彻党和国家路线方针政策、决策部署。国务院证券监督管理机构依照法律和本条例规定对私募基金业务活动实施监督管理，其派出机构依照授权履行职责。

国家对运用一定比例政府资金发起设立或者参股的私募基金的监督管理另有规定的，从其规定。

第六条 国务院证券监督管理机构根据私募基金管理人业务类型、管理资产规模、持续合规情况、风险控制情况和服务投资者能力等，对私募基金管理人实施差异化监督管理，并对创业投资等股权投资、证券投资等不同类型的私募基金实施分类监督管理。

第二章 私募基金管理人和私募基金托管人

第七条 私募基金管理人由依法设立的公司或者合伙

企业担任。

以合伙企业形式设立的私募基金，资产由普通合伙人管理的，普通合伙人适用本条例关于私募基金管理人的规定。

私募基金管理人的股东、合伙人以及股东、合伙人的控股股东、实际控制人，控股或者实际控制其他私募基金管理人的，应当符合国务院证券监督管理机构的规定。

第八条 有下列情形之一的，不得担任私募基金管理人，不得成为私募基金管理人的控股股东、实际控制人或者普通合伙人：

（一）本条例第九条规定的情形；

（二）因本条例第十四条第一款第三项所列情形被注销登记，自被注销登记之日起未逾3年的私募基金管理人，或者为该私募基金管理人的控股股东、实际控制人、普通合伙人；

（三）从事的业务与私募基金管理存在利益冲突；

（四）有严重不良信用记录尚未修复。

第九条 有下列情形之一的，不得担任私募基金管理人的董事、监事、高级管理人员、执行事务合伙人或者委派代表：

（一）因犯有贪污贿赂、渎职、侵犯财产罪或者破坏社会主义市场经济秩序罪，被判处刑罚；

（二）最近3年因重大违法违规行为被金融管理部门处以行政处罚；

（三）对所任职的公司、企业因经营不善破产清算或者因违法被吊销营业执照负有个人责任的董事、监事、厂长、高级管理人员、执行事务合伙人或者委派代表，自该公司、企业破产清算终结或者被吊销营业执照之日起未逾5年；

（四）所负债务数额较大，到期未清偿或者被纳入失信被执行人名单；

（五）因违法行为被开除的基金管理人、基金托管人、证券期货交易场所、证券公司、证券登记结算机构、期货公司以及其他机构的从业人员和国家机关工作人员；

（六）因违法行为被吊销执业证书或者被取消资格的律师、注册会计师和资产评估机构、验证机构的从业人员、投资咨询从业人员，自被吊销执业证书或者被取消资格之日起未逾5年；

（七）担任因本条例第十四条第一款第三项所列情形被注销登记的私募基金管理人的法定代表人、执行事务合伙人或者委派代表，或者负有责任的高级管理人员，自该私募基金管理人被注销登记之日起未逾3年。

第十条 私募基金管理人应当依法向国务院证券监督管理机构委托的机构（以下称登记备案机构）报送下列材料，履行登记手续：

（一）统一社会信用代码；

（二）公司章程或者合伙协议；

（三）股东、实际控制人、董事、监事、高级管理人员、普通合伙人、执行事务合伙人或者委派代表的基本信息，股东、实际控制人、合伙人相关受益所有人信息；

（四）保证报送材料真实、准确、完整和遵守监督管理规定的信用承诺书；

（五）国务院证券监督管理机构规定的其他材料。

私募基金管理人的控股股东、实际控制人、普通合伙人、执行事务合伙人或者委派代表等重大事项发生变更的，应当按照规定向登记备案机构履行变更登记手续。

登记备案机构应当公示已办理登记的私募基金管理人相关信息。

未经登记，任何单位或者个人不得使用"基金"或者"基金管理"字样或者近似名称进行投资活动，但法律、行政法规和国家另有规定的除外。

第十一条 私募基金管理人应当履行下列职责：

（一）依法募集资金，办理私募基金备案；

（二）对所管理的不同私募基金财产分别管理、分别记账，进行投资；

（三）按照基金合同约定管理私募基金并进行投资，建立有效的风险控制制度；

（四）按照基金合同约定确定私募基金收益分配方案，向投资者分配收益；

（五）按照基金合同约定向投资者提供与私募基金管理业务活动相关的信息；

（六）保存私募基金财产管理业务活动的记录、账册、报表和其他有关资料；

（七）国务院证券监督管理机构规定和基金合同约定的其他职责。

以非公开方式募集资金设立投资基金的，私募基金管理人还应当以自己的名义,为私募基金财产利益行使诉讼权利或者实施其他法律行为。

第十二条 私募基金管理人的股东、实际控制人、合伙人不得有下列行为:

(一)虚假出资、抽逃出资、委托他人或者接受他人委托出资;

(二)未经股东会或者董事会决议等法定程序擅自干预私募基金管理人的业务活动;

(三)要求私募基金管理人利用私募基金财产为自己或者他人牟取利益,损害投资者利益;

(四)法律、行政法规和国务院证券监督管理机构规定禁止的其他行为。

第十三条 私募基金管理人应当持续符合下列要求:

(一)财务状况良好,具有与业务类型和管理资产规模相适应的运营资金;

(二)法定代表人、执行事务合伙人或者委派代表、负责投资管理的高级管理人员按照国务院证券监督管理机构规定持有一定比例的私募基金管理人的股权或者财产份额,但国家另有规定的除外;

(三)国务院证券监督管理机构规定的其他要求。

第十四条 私募基金管理人有下列情形之一的,登记备案机构应当及时注销私募基金管理人登记并予以公示:

(一)自行申请注销登记;

(二)依法解散、被依法撤销或者被依法宣告破产;

(三)因非法集资、非法经营等重大违法行为被追究法律责任；

（四）登记之日起12个月内未备案首只私募基金；

（五）所管理的私募基金全部清算后，自清算完毕之日起12个月内未备案新的私募基金；

（六）国务院证券监督管理机构规定的其他情形。

登记备案机构注销私募基金管理人登记前，应当通知私募基金管理人清算私募基金财产或者依法将私募基金管理职责转移给其他经登记的私募基金管理人。

第十五条 除基金合同另有约定外，私募基金财产应当由私募基金托管人托管。私募基金财产不进行托管的，应当明确保障私募基金财产安全的制度措施和纠纷解决机制。

第十六条 私募基金财产进行托管的，私募基金托管人应当依法履行职责。

私募基金托管人应当依法建立托管业务和其他业务的隔离机制，保证私募基金财产的独立和安全。

第三章 资金募集和投资运作

第十七条 私募基金管理人应当自行募集资金，不得委托他人募集资金，但国务院证券监督管理机构另有规定的除外。

第十八条 私募基金应当向合格投资者募集或者转让，单只私募基金的投资者累计不得超过法律规定的人数。私募基金管理人不得采取为单一融资项目设立多只私募基金等方式，突破法律规定的人数限制；不得采取将私募基金份额或者收益权进行拆分转让等方式，降低合格投资者标准。

前款所称合格投资者，是指达到规定的资产规模或者收入水平，并且具备相应的风险识别能力和风险承担能力，其认购金额不低于规定限额的单位和个人。

合格投资者的具体标准由国务院证券监督管理机构规定。

第十九条 私募基金管理人应当向投资者充分揭示投资风险，根据投资者的风险识别能力和风险承担能力匹配不同风险等级的私募基金产品。

第二十条 私募基金不得向合格投资者以外的单位和个人募集或者转让；不得向为他人代持的投资者募集或者转让；不得通过报刊、电台、电视台、互联网等大众传播媒介，电话、短信、即时通讯工具、电子邮件、传单，或者讲座、报告会、分析会等方式向不特定对象宣传推介；不得以虚假、片面、夸大等方式宣传推介；不得以私募基金托管人名义宣传推介；不得向投资者承诺投资本金不受损失或者承诺最低收益。

第二十一条 私募基金管理人运用私募基金财产进行投资的，在以私募基金管理人名义开立账户、列入所投资企业股东名册或者持有其他私募基金财产时，应当注明私募基金名称。

第二十二条 私募基金管理人应当自私募基金募集完毕之日起20个工作日内，向登记备案机构报送下列材料，办理备案：

（一）基金合同；

（二）托管协议或者保障私募基金财产安全的制度措施；

（三）私募基金财产证明文件；

（四）投资者的基本信息、认购金额、持有基金份额的数量及其受益所有人相关信息；

（五）国务院证券监督管理机构规定的其他材料。

私募基金应当具有保障基本投资能力和抗风险能力的实缴募集资金规模。登记备案机构根据私募基金的募集资金规模等情况实施分类公示，对募集的资金总额或者投资者人数达到规定标准的，应当向国务院证券监督管理机构报告。

第二十三条 国务院证券监督管理机构应当建立健全私募基金监测机制，对私募基金及其投资者份额持有情况等进行集中监测，具体办法由国务院证券监督管理机构规定。

第二十四条 私募基金财产的投资包括买卖股份有限公司股份、有限责任公司股权、债券、基金份额、其他证券及其衍生品种以及符合国务院证券监督管理机构规定的其他投资标的。

私募基金财产不得用于经营或者变相经营资金拆借、贷款等业务。私募基金管理人不得以要求地方人民政府承诺回购本金等方式变相增加政府隐性债务。

第二十五条 私募基金的投资层级应当遵守国务院金

融管理部门的规定。但符合国务院证券监督管理机构规定条件，将主要基金财产投资于其他私募基金的私募基金不计入投资层级。

创业投资基金、本条例第五条第二款规定私募基金的投资层级，由国务院有关部门规定。

第二十六条 私募基金管理人应当遵循专业化管理原则，聘用具有相应从业经历的高级管理人员负责投资管理、风险控制、合规等工作。

私募基金管理人应当遵循投资者利益优先原则，建立从业人员投资申报、登记、审查、处置等管理制度，防范利益输送和利益冲突。

第二十七条 私募基金管理人不得将投资管理职责委托他人行使。

私募基金管理人委托其他机构为私募基金提供证券投资建议服务的，接受委托的机构应当为《证券投资基金法》规定的基金投资顾问机构。

第二十八条 私募基金管理人应当建立健全关联交易管理制度，不得以私募基金财产与关联方进行不正当交易或者利益输送，不得通过多层嵌套或者其他方式进行隐瞒。

私募基金管理人运用私募基金财产与自己、投资者、所管理的其他私募基金、其实际控制人控制的其他私募基金管理人管理的私募基金，或者与其有重大利害关系的其他主体进行交易的，应当履行基金合同约定的决策程序，并及时向投资者和私募基金托管人提供相关信息。

第二十九条 私募基金管理人应当按照规定聘请会计

师事务所对私募基金财产进行审计,向投资者提供审计结果,并报送登记备案机构。

第三十条 私募基金管理人、私募基金托管人及其从业人员不得有下列行为:

(一)将其固有财产或者他人财产混同于私募基金财产;

(二)利用私募基金财产或者职务便利,为投资者以外的人牟取利益;

(三)侵占、挪用私募基金财产;

(四)泄露因职务便利获取的未公开信息,利用该信息从事或者明示、暗示他人从事相关的证券、期货交易活动;

(五)法律、行政法规和国务院证券监督管理机构规定禁止的其他行为。

第三十一条 私募基金管理人在资金募集、投资运作过程中,应当按照国务院证券监督管理机构的规定和基金合同约定,向投资者提供信息。

私募基金财产进行托管的,私募基金管理人应当按照国务院证券监督管理机构的规定和托管协议约定,及时向私募基金托管人提供投资者基本信息、投资标的权属变更证明材料等信息。

第三十二条 私募基金管理人、私募基金托管人及其从业人员提供、报送的信息应当真实、准确、完整,不得有下列行为:

(一)虚假记载、误导性陈述或者重大遗漏;

(二)对投资业绩进行预测;

（三）向投资者承诺投资本金不受损失或者承诺最低收益；

（四）法律、行政法规和国务院证券监督管理机构规定禁止的其他行为。

第三十三条　私募基金管理人、私募基金托管人、私募基金服务机构应当按照国务院证券监督管理机构的规定，向登记备案机构报送私募基金投资运作等信息。登记备案机构应当根据不同私募基金类型，对报送信息的内容、频次等作出规定，并汇总分析私募基金行业情况，向国务院证券监督管理机构报送私募基金行业相关信息。

登记备案机构应当加强风险预警，发现可能存在重大风险的，及时采取措施并向国务院证券监督管理机构报告。

登记备案机构应当对本条第一款规定的信息保密，除法律、行政法规另有规定外，不得对外提供。

第三十四条　因私募基金管理人无法正常履行职责或者出现重大风险等情形，导致私募基金无法正常运作、终止的，由基金合同约定或者有关规定确定的其他专业机构，行使更换私募基金管理人、修改或者提前终止基金合同、组织私募基金清算等职权。

第四章　关于创业投资基金的特别规定

第三十五条　本条例所称创业投资基金，是指符合下列条件的私募基金：

（一）投资范围限于未上市企业，但所投资企业上市后基金所持股份的未转让部分及其配售部分除外；

（二）基金名称包含"创业投资基金"字样，或者在公司、合伙企业经营范围中包含"从事创业投资活动"字样；

（三）基金合同体现创业投资策略；

（四）不使用杠杆融资，但国家另有规定的除外；

（五）基金最低存续期限符合国家有关规定；

（六）国家规定的其他条件。

第三十六条　国家对创业投资基金给予政策支持，鼓励和引导其投资成长性、创新性创业企业，鼓励长期资金投资于创业投资基金。

国务院发展改革部门负责组织拟定促进创业投资基金发展的政策措施。国务院证券监督管理机构和国务院发展改革部门建立健全信息和支持政策共享机制，加强创业投资基金监督管理政策和发展政策的协同配合。登记备案机构应当及时向国务院证券监督管理机构和国务院发展改革部门报送与创业投资基金相关的信息。

享受国家政策支持的创业投资基金，其投资应当符合国家有关规定。

第三十七条　国务院证券监督管理机构对创业投资基金实施区别于其他私募基金的差异化监督管理：

（一）优化创业投资基金营商环境，简化登记备案手续；

（二）对合法募资、合规投资、诚信经营的创业投资基金在资金募集、投资运作、风险监测、现场检查等方面实施差异化监督管理，减少检查频次；

（三）对主要从事长期投资、价值投资、重大科技成果转化的创业投资基金在投资退出等方面提供便利。

第三十八条　登记备案机构在登记备案、事项变更等方面对创业投资基金实施区别于其他私募基金的差异化自律管理。

第五章　监督管理

第三十九条　国务院证券监督管理机构对私募基金业务活动实施监督管理，依法履行下列职责：

（一）制定有关私募基金业务活动监督管理的规章、规则；

（二）对私募基金管理人、私募基金托管人以及其他机构从事私募基金业务活动进行监督管理，对违法行为进行查处；

（三）对登记备案和自律管理活动进行指导、检查和监督；

（四）法律、行政法规规定的其他职责。

第四十条　国务院证券监督管理机构依法履行职责，有权采取下列措施：

（一）对私募基金管理人、私募基金托管人、私募基金服务机构进行现场检查，并要求其报送有关业务资料；

（二）进入涉嫌违法行为发生场所调查取证；

（三）询问当事人和与被调查事件有关的单位和个人，要求其对与被调查事件有关的事项作出说明；

（四）查阅、复制与被调查事件有关的财产权登记、通讯记录等资料；

（五）查阅、复制当事人和与被调查事件有关的单位和个人的证券交易记录、登记过户记录、财务会计资料以及其他有关文件和资料；对可能被转移、隐匿或者毁损的文件和资料，可以予以封存；

（六）依法查询当事人和与被调查事件有关的账户信息；

（七）法律、行政法规规定的其他措施。

为防范私募基金风险，维护市场秩序，国务院证券监督管理机构可以采取责令改正、监管谈话、出具警示函等措施。

第四十一条 国务院证券监督管理机构依法进行监督检查或者调查时，监督检查或者调查人员不得少于2人，并应当出示执法证件和监督检查、调查通知书或者其他执法文书。对监督检查或者调查中知悉的商业秘密、个人隐私，依法负有保密义务。

被检查、调查的单位和个人应当配合国务院证券监督管理机构依法进行的监督检查或者调查，如实提供有关文件和资料，不得拒绝、阻碍和隐瞒。

第四十二条 国务院证券监督管理机构发现私募基金管理人违法违规，或者其内部治理结构和风险控制管理不符合规定的，应当责令限期改正；逾期未改正，或者行为严重危及该私募基金管理人的稳健运行、损害投资者合法权益的，国务院证券监督管理机构可以区别情形，对其采取下列措施：

（一）责令暂停部分或者全部业务；

（二）责令更换董事、监事、高级管理人员、执行事务合伙人或者委派代表，或者限制其权利；

（三）责令负有责任的股东转让股权、负有责任的合伙人转让财产份额，限制负有责任的股东或者合伙人行使权利；

（四）责令私募基金管理人聘请或者指定第三方机构对私募基金财产进行审计，相关费用由私募基金管理人承担。

私募基金管理人违法经营或者出现重大风险，严重危害市场秩序、损害投资者利益的，国务院证券监督管理机构除采取前款规定的措施外，还可以对该私募基金管理人采取指定其他机构接管、通知登记备案机构注销登记等措施。

第四十三条 国务院证券监督管理机构应当将私募基金管理人、私募基金托管人、私募基金服务机构及其从业人员的诚信信息记入资本市场诚信数据库和全国信用信息共享平台。国务院证券监督管理机构会同国务院有关部门依法建立健全私募基金管理人以及有关责任主体失信联合惩戒制度。

国务院证券监督管理机构会同其他金融管理部门等国务院有关部门和省、自治区、直辖市人民政府建立私募基金监督管理信息共享、统计数据报送和风险处置协作机制。处置风险过程中，有关地方人民政府应当采取有效措施维护社会稳定。

第六章 法律责任

第四十四条 未依照本条例第十条规定履行登记手续,使用"基金"或者"基金管理"字样或者近似名称进行投资活动的,责令改正,没收违法所得,并处违法所得1倍以上5倍以下的罚款;没有违法所得或者违法所得不足100万元的,并处10万元以上100万元以下的罚款。对直接负责的主管人员和其他直接责任人员给予警告,并处3万元以上30万元以下的罚款。

第四十五条 私募基金管理人的股东、实际控制人、合伙人违反本条例第十二条规定的,责令改正,给予警告或者通报批评,没收违法所得,并处违法所得1倍以上5倍以下的罚款;没有违法所得或者违法所得不足100万元的,并处10万元以上100万元以下的罚款。对直接负责的主管人员和其他直接责任人员给予警告或者通报批评,并处3万元以上30万元以下的罚款。

第四十六条 私募基金管理人违反本条例第十三条规定的,责令改正;拒不改正的,给予警告或者通报批评,并处10万元以上100万元以下的罚款,责令其停止私募基金业务活动并予以公告。对直接负责的主管人员和其他直接责任人员给予警告或者通报批评,并处3万元以上30万元以下的罚款。

第四十七条 违反本条例第十六条第二款规定,私募基金托管人未建立业务隔离机制的,责令改正,给予警告或者通报批评,并处5万元以上50万元以下的罚款。对直接负责的主管人员和其他直接责任人员给予警告或者通报批评,并处3万元以上30万元以下的罚款。

第四十八条 违反本条例第十七条、第十八条、第二十条关于私募基金合格投资者管理和募集方式等规定的,没收违法所得,并处违法所得1倍以上5倍以下的罚款;没有违法所得或者违法所得不足100万元的,并处10万元以上100万元以下的罚款。对直接负责的主管人员和其他直接责任人员给予警告,并处3万元以上30万元以下的罚款。

第四十九条 违反本条例第十九条规定,未向投资者充分揭示投资风险,并误导其投资与其风险识别能力和风险承担能力不匹配的私募基金产品的,给予警告或者通报批评,并处10万元以上30万元以下的罚款;情节严重的,责令其停止私募基金业务活动并予以公告。对直接负责的主管人员和其他直接责任人员给予警告或者通报批评,并处3万元以上10万元以下的罚款。

第五十条 违反本条例第二十二条第一款规定,私募基金管理人未对募集完毕的私募基金办理备案的,处10万元以上30万元以下的罚款。对直接负责的主管人员和其他直接责任人员给予警告,并处3万元以上10万元以下的罚款。

第五十一条 违反本条例第二十四条第二款规定,将私募基金财产用于经营或者变相经营资金拆借、贷款等业务,或者要求地方人民政府承诺回购本金的,责令改正,给予警告或者通报批评,没收违法所得,并处10万元以上

100万元以下的罚款。对直接负责的主管人员和其他直接责任人员给予警告或者通报批评，并处3万元以上30万元以下的罚款。

第五十二条 违反本条例第二十六条规定，私募基金管理人未聘用具有相应从业经历的高级管理人员负责投资管理、风险控制、合规等工作，或者未建立从业人员投资申报、登记、审查、处置等管理制度的，责令改正，给予警告或者通报批评，并处10万元以上100万元以下的罚款。对直接负责的主管人员和其他直接责任人员给予警告或者通报批评，并处3万元以上30万元以下的罚款。

第五十三条 违反本条例第二十七条规定，私募基金管理人委托他人行使投资管理职责，或者委托不符合《证券投资基金法》规定的机构提供证券投资建议服务的，责令改正，给予警告或者通报批评，没收违法所得，并处10万元以上100万元以下的罚款。对直接负责的主管人员和其他直接责任人员给予警告或者通报批评，并处3万元以上30万元以下的罚款。

第五十四条 违反本条例第二十八条规定，私募基金管理人从事关联交易的，责令改正，给予警告或者通报批评，没收违法所得，并处10万元以上100万元以下的罚款。对直接负责的主管人员和其他直接责任人员给予警告或者通报批评，并处3万元以上30万元以下的罚款。

第五十五条 私募基金管理人、私募基金托管人及其从业人员有本条例第三十条所列行为之一的，责令改正，给予警告或者通报批评，没收违法所得，并处违法所得1倍以上5倍以下的罚款；没有违法所得或者违法所得不足100万元的，并处10万元以上100万元以下的罚款。对直接负责的主管人员和其他直接责任人员给予警告或者通报批评，并处3万元以上30万元以下的罚款。

第五十六条 私募基金管理人、私募基金托管人及其从业人员未依照本条例规定提供、报送相关信息，或者有本条例第三十二条所列行为之一的，责令改正，给予警告或者通报批评，没收违法所得，并处10万元以上100万元以下的罚款。对直接负责的主管人员和其他直接责任人员给予警告或者通报批评，并处3万元以上30万元以下的罚款。

第五十七条 私募基金服务机构及其从业人员违反法律、行政法规规定，未恪尽职守、勤勉尽责的，责令改正，给予警告或者通报批评，并处10万元以上30万元以下的罚款；情节严重的，责令其停止私募基金服务业务。对直接负责的主管人员和其他直接责任人员给予警告或者通报批评，并处3万元以上10万元以下的罚款。

第五十八条 私募基金管理人、私募基金托管人、私募基金服务机构及其从业人员违反本条例或者国务院证券监督管理机构的有关规定，情节严重的，国务院证券监督管理机构可以对有关责任人员采取证券期货市场禁入措施。

拒绝、阻碍国务院证券监督管理机构及其工作人员依法行使监督检查、调查职权，由国务院证券监督管理机构责令改正，处10万元以上100万元以下的罚款；构成违反治安管理行为的，由公安机关依法给予治安管理处罚；构成犯罪的，依法追究刑事责任。

第五十九条 国务院证券监督管理机构、登记备案机构的工作人员玩忽职守、滥用职权、徇私舞弊或者利用职务便利索取或者收受他人财物的，依法给予处分；构成犯罪的，依法追究刑事责任。

第六十条 违反本条例规定和基金合同约定，依法应当承担民事赔偿责任和缴纳罚款、被没收违法所得，其财产不足以同时支付时，先承担民事赔偿责任。

第七章 附 则

第六十一条 外商投资私募基金管理人的管理办法，由国务院证券监督管理机构会同国务院有关部门依照外商投资法律、行政法规和本条例制定。

境外机构不得直接向境内投资者募集资金设立私募基金，但国家另有规定的除外。

私募基金管理人在境外开展私募基金业务活动，应当符合国家有关规定。

第六十二条 本条例自2023年9月1日起施行。

司法部、证监会负责人就《私募投资基金监督管理条例》答记者问

2023年7月3日,国务院总理李强签署第762号国务院令,公布《私募投资基金监督管理条例》(以下简称《条例》),自2023年9月1日起施行。日前,司法部、证监会负责人就《条例》有关问题回答了记者提问。

问: 请简要介绍一下制定《条例》的背景和总体思路。

答: 党中央、国务院高度重视私募投资基金(以下简称私募基金)行业规范健康发展和风险防控,党的二十大报告提出,健全资本市场功能,提高直接融资比重。为贯彻落实党中央、国务院决策部署,司法部、证监会会同有关部门在深入调查研究、广泛听取部门、机构、专家等方面意见,并向社会公开征求意见的基础上,形成了《条例》草案。起草《条例》过程中,主要把握了以下总体思路:一是统筹发展和安全。坚决贯彻落实党中央、国务院关于防范化解重大风险、维护金融安全的决策部署,抓住行业关键主体和关键环节,强化风险源头管控,同时发挥私募基金行业服务实体经济、支持科技创新等方面的作用。二是规范监管和尊重市场规律相结合。尊重私募基金行业相

关主体运行规律，重在划定监管底线、强化事中事后监管，对私募基金管理人及其重大事项变更实行登记管理，并对不同类型私募基金特别是创业投资基金实施差异化监管。

问：请问我国私募基金行业的发展对经济活动有哪些积极作用？

答：近年来，我国私募基金行业稳步发展。截至2023年5月，在中国证券投资基金业协会（以下简称基金业协会）登记的私募基金管理人2.2万家，管理基金数量15.3万只，管理基金规模21万亿元左右。私募基金在服务实体经济、支持创业创新、提高直接融资比重以及服务居民财富管理等方面发挥了重要积极作用。

一是促进股权资本形成，有效服务实体经济。截至2023年一季度，私募股权基金（含创业投资基金）累计投资于境内未上市未挂牌企业股权、新三板企业股权和再融资项目数量近20万个，为实体经济形成股权资本金超过11.6万亿元。注册制改革以来，近九成的科创板上市公司、六成的创业板上市公司和九成以上的北交所上市公司在上市前获得过私募股权基金支持。

二是服务重点领域和战略性产业，有效支持国家战略。私募股权基金投资呈现典型的初创期、中小型、高科技特点，积极支持计算机、半导体、医药生物等重点科技创新领域和国家战略。截至2023年一季度，私募股权基金累计投资上述企业近5万亿元。

三是积极发挥投资功能作用，助推经济发展和创业就业。私募基金行业积极践行长期投资和价值投资理念，所投资企业广泛覆盖民营企业、中小企业，对于激发经济活力、促进创新创业具有重要意义，同时对稳增长、稳就业的支撑作用逐步发挥。

四是私募证券基金促进提升资本市场投资者群体的机构化程度。私募证券基金产品类型和投资策略多元，规模稳步增长，有利于壮大机构投资者队伍、优化市场投资者结构。不同策略基金多样化发展，也对促进市场价格发现、平抑市场波动、增强市场韧性发挥了积极作用。

问：出台《条例》对私募基金行业健康发展有哪些积极意义？

答：党中央、国务院高度重视私募基金行业发挥功能作用。《条例》的出台有利于进一步完善私募基金法规体系，促进私募基金行业健康发展。一是《条例》开宗明义，在总则中明确提出鼓励私募基金行业"发挥服务实体经济、促进科技创新等功能作用"，凝聚各方共识，共同优化私募基金行业发展环境。二是设立创业投资基金专章，明确创业投资基金的内涵，实施差异化监管和自律管理，鼓励"投早投小投科技"。三是明确政策支持，对母基金、创业投资基金、政府性基金等具有合理展业需求的私募基金，《条例》在已有规则基础上豁免一层嵌套限制，明确"符合国务院证券监督管理机构规定条件，将主要基金财产投资于其他私募基金的私募基金不计入投资层级"，支持行业发挥积极作用，培育长期机构投资者。

问：为促进私募基金行业规范发展，《条例》作了哪些规定？

答：《条例》坚持强化风险源头管控，划定监管底线，全流程促进私募基金规范运作。一是突出对关键主体的监管要求。加强私募基金管理人监管，明确法定职责和禁止性行为，强化高管人员的专业性要求，按照规定接受合规和专业能力培训；明确私募基金管理人需向基金业协会申请登记，并确保其满足持续运营要求，具备从事私募基金管理的相应能力。私募基金托管人依法履行职责。二是全面规范资金募集和备案要求。坚守"非公开""合格投资者"的募集业务活动底线，落实穿透监管，加强投资者适当性管理。明确私募基金募集完毕后向基金业协会备案。三是规范投资业务活动。明确私募基金财产投资范围和负面清单，同时为私募基金产品有序创新预留了空间。对专业化管理、关联交易管理作了制度安排，维护投资者合法权益。建立健全私募基金监测机制，加强全流程监管。四是明确市场化退出机制。为构建"进出有序"的行业生态，对于私募基金管理人出现相关情形的，规定基金业协会应当及时注销登记并予以公示；私募基金无法正常运作、终止的，由专业机构行使更换私募基金管理人、修改或者提前终止基金合同、组织基金清算等职权。五是丰富事中事后监管手段，加大违法违规行为惩处力度。为保障监管机构能够有效履职，《条例》明确证监会可以采取现场检查、调查取证、账户查询、查阅复制封存涉案资料等措施；发现私募基金管理人违法违规的，可区分情况依法采取责令暂停业务、更换人员、强制审计以及接管等措施。同时，对标《证券投资基金法》，对规避登记备案义务、挪用侵占基金财产、内幕交易等严重违法违规行为，加大惩处打击力度。

问：为支持鼓励创业投资基金发展，《条例》作了哪些差异化安排？

答：近年来，以创业投资基金为代表的私募基金在"投早投小投科技"方面发挥了重要作用，是促进科技自立自强、产业创新升级的重要力量。《条例》在总则中明确对创业投资基金实施分类监管，并为创业投资基金设置专章。在投资范围、投资期限、合同策略等方面明确创业投资基金应当符合的条件，并加强创业投资基金监管政策和发展政策的协同配合。《条例》在登记备案、资金募集、投资运作、风险监测、现场检查等方面，对创业投资基金实施差异化监管和自律管理，对主要从事长期投资、价值投资、重大科技成果转化的创业投资基金在投资退出等方面提供便利。下一步，相关部门将进一步研究出台支持创业投资基金发展的具体政策举措。

问：目前私募基金行业整体情况如何？为配合《条例》落地实施，证监会下一步将开展哪些工作？

答：近年来，证监会不断完善监管规则，强化日常监管，规范行业秩序，推进优化政策环境。目前，私募基金规模持续增长，私募基金管理人投资管理能力逐步增强，行业呈健康发展态势，功能作用持续发挥，存量风险显著压降。《条例》中主要监管原则和要求已在近年发布的监管规则中有所体现，行业已有认同度和预期，合规风控水平稳步提高，行业生态持续优化。

《条例》的发布既是健全私募基金监管基础性法规制度的标志，也是促进行业高质量发展进入新阶段的标志，对行业具有里程碑意义。为贯彻落实好《条例》，证监会将重点开展以下工作：一是完善部门规章、规范性文件和自律规则。根据《条例》修订《私募投资基金监督管理暂行办法》，进一步细化相关要求，逐步完善私募基金资金募集、投资运作、信息披露等相关制度，根据私募基金管理人业务类型、管理资产规模、持续合规情况、风险控制情况和服务投资者能力等实施差异化监管，完善规则体系。同时指导基金业协会按照《条例》和证监会行政监管规则，配套完善登记备案、合同指引、信息报送等自律规则。二是全面宣传解读贯彻《条例》，开展对私募基金管理人、私募基金托管人、私募基金服务机构以及从业人员等各方的培训工作，引导各方准确充分学习理解《条例》内容，准确把握要点，提高规范运作水平。三是进一步推进优化私募基金行业发展环境，畅通"募""投""管""退"各环节，推动私募基金行业高质量发展迈上新台阶。